내가 잃어버린 낙원이 당신에게 있다

허준 시집

시인동네 시인선 122

허준 시집

내가 잃어버린 낙원이 당신에게 있다

시인동네

시인의 말

뭘 하고 있어도 누구와 있어도

어디에 있어도 배고파도 배불러도

아파도 건강해도
설사 눈물이 난다 해도……

매일매일 감사 매일매일 행복
아직 살아있으니 더 노력할 수 있으니

2020년 2월
허준

차례

시인의 말

제1부

제2부

제3부

제1부

친밀감의 이해

이제 서로 깔깔거리며 지낼 나이가 지났다 나이가 든다는 것은 주머니의 자갈을 끄집어내어도 자꾸 자갈이 생긴다는 뜻이다

오래된 건물들이 대화를 나눈다는 것은 사실이다 벽들은 저마다의 표정을 가지고 있다 간혹 건물들이 울면 사람들은 이유 없이 어두워진다

명랑함을 잃어버려서는 안 된다 그것은 마음에 들지 않던 보조배터리를 극장에서 분실하고 찾으러 가지 않는 것과 같다 그들이 너를 버린 게 아니다

견고했던 것들도 깨어진다는 것을 차츰 알아간다 사람들 사이에 끈이 있는데 당기거나 당겨진다 예전에는 그걸 몰랐었다

누군가 우리들이라고 말하기 시작했다

그 밤은 평범했다 알지 못하지만 지독했을 것 같은 그 꿈은 길지도 짧지도 않았고 밀가루처럼 흩어져 이제는 기억이 나지 않는다 눈 주위에 하얗게 남아 있는

모르는 타인을 향해 인사를 한다 말은 직진하지 않고 우물쭈물 쭈뼛거린다 사람을 보면 인사를 건네야 한다는 교육을 어릴 적에 받았다 그래서 가만히 있으면 안 될 것 같아서

거기 누구 없어요

비나 눈에 젖는 건 괜찮지만 발목이 우울에 젖는 건 힘들다 우리는 서로 어깨를 만져주고 입을 맞추고 그냥 앉아 있었다 마치 오래전에 태어났지만 여전히 어색한 것처럼

이해라는 말은 과연 무엇일까

네 꿈에 내가 나타나기 시작하고 그리고 셀 수도 없는 네가 무수한 나를 향해 꿈속에서의 그 향기를 기억해내고 조분조

분 속삭여주는 것 우리는 서로의 귀에 부어진 더운 김을 좋아하게 되었다

그림자를 꺼내어 잠시 빨랫줄에 걸 수 있다면 좋을 텐데 감정의 무게가 가벼워질 수 있을 텐데 꿈속에서는 중력이 없어서 새처럼 날아다닐 수 있어서 좋아, 영혼의 무게를 알 수도 있다는 희미한 곳

빰이 붉어지는 것은

누군가의 입구

당신은 나를 열고 오늘로 들어오려고 했다 오래 부운 적금 낡은 자전거와 개와 함께하는 산책이 따라왔다 나는 호수의 물풀처럼 엉키고 가득 찬다 새로 갈아입은 영혼의 입가에는 피자의 토마토소스가 묻어 있다

우리는 그 길의 그 상점에서 함께 소비를 했다 이웃들이 연료계의 눈금처럼 사라지고 극장에서 팔리고 있는 감정들을 통 아이스크림처럼 파먹었다 우걱우걱 고개 숙인 그 통 속으로 당신이 똑, 하고

떨어졌다

마른 꽃

한때는 따듯하게 젖어 있었다

살아있는 목에는 세상의 꽃다발이 묶여 있고 그 일들을 풀어내느라 시간을 달리기 시작했다 혈관들은 아이들이 학원으로 사라진 골목처럼 점점 메말라갔다 화분 안에서 뿌리들은 물을 마시느라 여념이 없었고

그 끝 너머까지 가보고 싶었다

꽃은 피를 흘리며 노래를 불렀지만 소리는 점점 가늘어져서 담을 넘지 못했다 생화의 날들은 그늘진 마당에 갇혀서 나날이 시들어가며 바스락거리는 소리를 질렀지만 아무도 듣지 않았고

평생 앉아 일했던 의자가 사실은 내 등짝이었다는 것을 마른 꽃이 된 후에야 알게 되었다 그것을 이해라고 할 수 있을지 모르겠다

얼굴의 탄생

우리는 콘센트에 각각 꽂힌 충전기처럼 완충되기를 기다리며 각자 모르는 채로 자기 세상에 앉아 있었다
바라던 연락은 계속 오지 않았고

표정은 네온사인처럼 켜졌다 꺼졌다를 반복하며 바삭바삭하게 변해갔다 목이 말라 생수 한 병이 간절했지만

우리는 어디에서 와서 어디로 가는 걸까
세상의 뒷골목은 비가 와서 씻겨나갈 때 외에는 대부분 지저분했고 술에 취한 남녀들이 모여 담배를 피우다가 침을 뱉고는 했다

당신의 과거가 스며 있는 얼굴을 가만히 만져보고 싶었다 배달된 지 오래되어 식어빠진 통닭에 따라온 무처럼 이제는 차갑겠지

얼굴은 오래 식사를 걸러 앙상해진 등의 견갑골처럼 가냘프다 그 곁에는 꼭 지켜져야 하는 지독한 의무처럼 턱선이 흐

르고

우리는 왜 사랑을 나눌 때조차도 서로가 서로에게 타인이었을까 뜨거운 낮을 지나면 늘 젖은 밤이 오듯이

꽃은 핀다

나의 하루는 오래 젖어 있었다
비가 오지 않는 날 햇볕 아래 이불을 말리고
감자칩처럼 바삭거린다
그럴 때면 나를 감싸고 있는 시간이
지구색 패딩 옷 같다고 생각한다

세상에 고개를 돌리고 앉아 밥을 먹는다
지금 가고 있는 곳에도 꽃은 피겠지
페달을 밟으며 일생을 돌린다 행복해야 해
목이 마르면 언제든 물을 마실 수 있으면 좋을 텐데

시간은 잊힌 연인의 눈물처럼 반짝거리고
살아있는 것들은 다 꽃이라던데
나의 다리는 정직한 새를 닮아
사막을 오래 가도 싱싱하고 울지 않는다
그러므로 나의 하루는 이제 젖지 않겠다

유령은 죽지 않는다

누가 부르지도 않았는데 뒤돌아보게 되는 순간이 있다 그 때 당신의 어깨 위에 앉아 있는 존재가 있다 어떤 이는 생활이라고도 하고 또 어떤 이는 죽은 어머니라고도 한다

커터 칼에 당한 피부가 벌어지듯 그 틈으로 낯선 얼굴이 보인다 노래를 부르고 있고, 지금껏 알던 색도 아니다 알던 노래도 아니다 얼마나 깊은 곳에서 기어올라 왔는지 알 수 없는

익숙해질 수 없는 일이다 빨래처럼 나무에 목이 걸린다 해도, 그래서 호흡이 바람에 말라가도, 가구가 되어버린 그 나무에 잎이 난다 해도, 창문으로 던져버렸던 물건들의 눈알로 돌아와

그와 눈이 마주친다

허밍

희미해져 가는 사람을 붙들고 힘들게 서 있는 중, 곁을 지나가면서 누군가 부르는 허밍 소리

아픈 당신은 뒷문을 통해 병원을 벗어나고 있는 중이고, 걸음은 그 자리에서 이미 멈추었지만 방금 문을 열고 들어서는 우리는

운명과 머무름이 동의어처럼 들리는 시간, 딸각딸각 생의 스위치 소리가 등 뒤에서 들리고

살아보았지만, 살아남았지만

세상의 낮고 먼 허밍 소리가 들린다

아름다운 새들

시간 속에 사는 생물들은 배우의 삶을 사는구나

모든 시작은 달리는 말 위로 뛰어오르는 것과 같고

이전의 나와 이후의 나로 감정을 이어주고

자다가 깨면 문득 왼쪽 머리맡에 앉아 있는 전생 때문에

그날의 하루는 특히 슬펐다

그때 내 머리맡에서 아주 오래 멀리 새가 날고

존재는 표면에 머물지 않는다는 것을 알게 되었다

생물들은 시퍼런 우물처럼 깊고

낙원을 잃어버렸네

등 뒤에서 당신이 조잘거리는 목소리를 듣고 있습니다 그늘 속에 있다고 언제나 젖어 있는 것이 아니라는 것을 압니다

영어 회화 수업을 들으러 가기 전 식당에서 김밥을 먹는데 조금 떨어져서 당신은 순두부찌개를 먹고 있었어요

아메리카노를 990원에 파는 저가 커피집을 지나면서 천 원과의 차이를 생각합니다 우리는 얼마나 멀리 있고 달은 얼마나 가까울까요

관계라고 불리는 것들 사이에 새로운 것들이 더 남아 있을까요 향수처럼 남아 있을 수도 있을 겁니다 움켜질수록 사라져버리는 것들 말입니다

수업을 마치고 어둑해진 거리를 걸어서 집으로 돌아갔습니다 거리에 불빛들은 많았지만 그 어느 것도 마음속으로 들어오지 못했습니다

누구든 말할 수 없는 비밀을 가지고 살지요 말하자면 신나는 팝송을 크게 틀어놓고 울었던 기억 같은 거 말입니다 노래는 틀어놓은 수돗물 같아서

이제 고백을 하고 사라지려고 합니다 우리가 이어져 있다고 했던 말들은 제가 들떠서 했던 말이었습니다 저는 다만……

내가 잃어버린 낙원이 당신에게 있다

무게의 발견

세상을 달려가다가 뒤를 돌아다보면 악다구니 같은 것들이 무서운 속도로 따라오고 있다

저녁에 집으로 돌아오면 따라온 것들을 현관에 두고 방으로 가야 하는 규칙이 있다

작은 방에 들어가면 벽의 못에는 옷이 아니라 내가 걸려야 했고 불만은 없다

어떤 종류의 모자로도 나를 그 추격으로부터 가려주지 못했다

이어폰을 끼고 거리를 나서면 세상은 소리의 무게만큼이나 아팠지만 내색을 꺼내놓지 않는다

마지막 발걸음을 옮길 때쯤 생각하겠지 이승을 벗어나는 이 걸음이 가장 무겁구나, 때늦은 발견은 늘 아픈 법이다

봄날

가수는 안뜰에서 후회를 마신다

주여, 저희를 당신 곁에 매달린 강도처럼 불쌍히 여기소서 지나간 인생을 꺼내어 놓은 야시장의 좌판은 늘 시끄럽다 도스토예프스키는 들판에 누워서 밤하늘을 보곤 했다 매니저는 거리를 향해 반성을 비튼다 오늘의 감정이 감자칩처럼 바삭거렸다

미성년

사람은 늘 건물에서 나와서 건물로 갑니다

그 사이 헝클어진 길을 걸으며 긴 한숨을 그립니다

생일 때마다 생각났던 그리움도 기억합니다

자주 놀라던 당신은 다정한 사람이었습니다

오늘은 내 안의 건물에서 당신 안의 어린 시간으로 가겠습니다

집이 어디냐고 물었다

목을 꺾은 채로 그녀가 촛불처럼 잠들어 있다 어느 날 집채만 한 소행성이 도둑처럼 지구를 스쳐 지나간다 마음을 호박처럼 파내어 외계로 보내는 신호를 심었다 신도시를 한 바퀴 돌고 난 후 버스는 물고기처럼 남양산 인터체인지를 빠져나간다 그 어떤 것도 가리킬 수 없는 손끝이 심지처럼 타오른다 오늘은 오래된 담요처럼 지독한 냄새가 났다 자궁으로 돌아가려는 그녀를 막을 이유가 없다

꽃은 주인공이 아닙니다

당신은 꽃이 만개한 정원 옆 돌계단에 비스듬히 서서 사진을 찍었습니다

풍성한 꽃무리들은 내부에 시간을 가두고 있었는데
당신에 비해 표정이 어두웠습니다

막 오후 네 시가 지났고 해는 별 모양의 그늘을 만들었습니다

부에노스아이레스에서 지구 저편 열두 시간 어린 꽃들이 거리를 달려가고 있었습니다

살아있다는 것을 꽃이라 부르는 것은 녹슨 비유겠지만요
그들의 감정은 낯설지 않았습니다
세상 어디서든 지루한 육체를 벗어나서 날고 싶어 하겠죠

서로에 대해 알지 못하지만 그 사진을 보고 나서 많이 아팠습니다

아프다는 것은 사랑을 의미하겠지요

창백한 몸의 여기저기에서 꽃이나 가지들이 튀어나왔고 함께 도달하지 못하는 내일에 대해서 말하고 싶었습니다

레인 코트

비로소 우리들은 안심하였다

가던 것은 그대로 가게 하십시오

기도는 허공에 울려 퍼진다

나팔을 불자 무지개들이 등장한다

비닐 옷 안에서 사람들은 시간에 감겨 작아지고

천사는 울지 않는다

다만 분노 안에서 빗방울처럼 사라진다

육체 안에서 하루의 무게는 누구에게든 같다

당신은 오늘의 손톱보다 낯설다

꿈이 옅어져 가는 만큼 당신이 희미해져 간다

동네에는 푸치니의 오페라를 멋지게 부르는 나비부인이 살고 있다

사람들은 벚꽃이 활짝 핀 집에서 노래를 듣곤 했지요

그 집 앞에서 기차가 출발했어요

하늘로 쏘아 올려달라는 부탁을 받고 나를 축구 골대 그물 위에 올려놓았지

세상의 모든 감정에는 지붕이 있다

손가락은 애쓰느라 물기가 빠져 앙상해진다

손톱은 딱딱하게 변신하여 누군가를 지켜낸다

이토록 아름다운

햇살은 빵의 결처럼 곱다 나뭇잎은

조그만 공간에 저만의 시간을 가두어

두었다 길은 사람들에게 한없이 복무한다

가야 할 곳을 잊어버려도 좋아

꽃을 닮은 너, 너무 소중한*

달콤한 공기와 그 사이의 여백들

죽었던 이들이 내 머리를 쓰다듬고 있네

나 달려가리, 세상 속으로

---

*서인국의 노래 〈꽃〉 중에서.

한나절

울지 않으려고 했다 일생이 갑자기 어두워졌다 그 모퉁이에서 끼익, 소리가 들렸다 가슴에 비가 내렸다 날은 좋았고 해는 반짝거렸다 시간은 열심히 더 깊어졌다 그만두기에는 멀리 와 있었다 산을 오르기 힘든 것은 신발 때문이 아니다 심장에서 칼날이 떨어졌다, 그때

사람아, 이 사람아 목소리를 들었다

우는 동안 공중에 머무를 수 있다면

발목이 잠기고 이어 손등이 붓고 눈가가 붉어진다
안녕, 잘 가
저녁은 손을 흔들고

그 사람을 잃고
여름은 유난히 더웠다
이상하게 기억은 날씨와 함께 소환된다

떠나버린 그 사람과의 사이에 침묵이 웅덩이가 되어 차오르고 그때 마침 시끄러운 오토바이가 지나갔는데 왜 뜨거운 햇살이 비닐 같다고 생각했을까

앰뷸런스가 지나간다 마이크에서 길을 비켜달라는 목소리가 들린다 길옆에 멈추어 서서 실타래 감정들이 지나가기만을 기다린다

낡은 집 천장의 페인트가 점성을 잃고 가루처럼 날린다 그 사람의 불 꺼진 그 부스러기 별은 쓸쓸하다 철 지난 가수의 목

소리를 닮았다

집은 기둥들이 있어 버티는데
사람은 무엇으로 견디는가
파도 앞에서 뼈들은 무력해진다

한 번씩 숨을 쉴 수가 없다
버스 뒤 칸에 한 자리 남은 좌석 같다
가고 있는 목적지를 알지 못한다
꽃은 왜 그리 피어서

계절이 자주 바뀌어도
그해 여름은 그 사람을 기다리며
여전히 그 자리에 그대로 서 있다

얼굴을 숨긴 꽃이 내게 물었다

지하철 승강장에 섰는데

어디선가 꽃향기가 날아왔다

그때 그 꽃이 내게 물었다

당신은 안녕하냐고

주위에 아무도 없었고

향수의 잔향도 아니었는데

얼굴을 숨긴 채 스스로를 피올리는구나

그렇게 슬픔이 우리 곁에 머무르고

제2부

천국은 찬물 한 잔 마실 거리에 있다

당신과 키스를 나누고 난 후
바람 부는 골목에 서 있는 것 같다
어디선가 입이 말라가는 소리가 들린다
우리의 관계는 깃발처럼 나부끼고

1g의 무게만큼 나에게 기대었다가
너는 골목을 돌아서면서 희미해진다

고백의 탄생

휴게소에서 프렌치 토스트를 베어 물고 문을 열고 나왔을 때 당신을 만났다

그때 혹은 전생의 어느 길에서 우리는

그 후 시간으로 덧칠이 되어 서로를 알아볼 수 없게 된 후에 한쪽이 빈 가슴으로

일면식이 없었던 당신이 지나쳐갈 때 아직 이별을 알지 못하는 말처럼 심장이 뛰었다

그때 나는 계단을 내려가고 당신은 올라오는 중이었는데

이미 우리는 서로를 느끼고 있었지만

바람 탓이었을까 이마가 싸늘하게 식었다 서로를 바라보던 그 짧은 만남도 금방 식었다

흘깃 당신의 일생을 보았다 그때 나를 감싸고 있던 모든 방어를 내려놓았고

저편에서 한 세계가 무너지고 있었다

우리 만남의 기록은 입으로 기록되지는 않을지라도 고백이라는 형식으로 남을 것이다

그 책은 사람의 일생을 기록한 어느 누구의 책보다도 훨씬 두껍고

그 짧은 만남은 두 사람을 오랫동안 정의할 것이다

흐린 오후에 오래된 슬픔을 봉인하였다

처음으로 걸을 수 있었을 때 기뻤을까 생각해보면 모든 슬픔이 그 시절부터 시작된 것 같다

어떻게 그 대답조차 없던 길을 살아서 여태껏 걸어올 수 있었을까 기적이다

그래서 발목이 언제나 젖어 있었구나 마음의 채광창이 늘 흐려 있었구나

밥통 속에서 밥알들은 서로를 껴안고 있다 강물은 작은 물방울들이 모여서 흐르니

그걸로 다 되었다

창가에 신발을 남긴 사람

그날 당신의 세계가 무너졌다

마당의 꽃은 열심히 향기를 펴 올렸고

아무도 기우뚱하지 않았다

그레이스는 집에 없었다

문을 닫았고 일생도 같이 닫았다 아무도 그것을 눈치채지 못했다

누가 와도 그 문을 보지 못하리 얼마나 많은 슬픔으로 닫혔던가

알지 못하므로 다시 열지 못하겠지 우아함으로 살아가려 했다 어느 하루도

아직도 서성이다가 시간의 빗물을 다 맞아내고 있구나 젖은 채로

선한 웃음소리들이 귓가에 맴도는데 날카로움을 피할 수 없으니

너무 많은 지구들을 실은 채 지하철은 오늘도 달린다 넘쳐나는 은유들

그대의 빛은 어느 누구라도 스스로 선택할 수 있다 자신을 채우고 나서 빛나는

뒤돌아보는 사람

사람의 뒤통수에는 문이 있다
그 너머 세계가 열리면

감정들 사이에 멈추어 서서
우리 사이의 그늘이 지나가기를 기다린다

그녀가 뒤돌아서 나를 보면
얼음이 녹기를 기다리는 봄처럼

얼굴이 따뜻해진다
수염은 더 길어지고, 심장은 말처럼 달리고

지구에 왔을 때 만난 그 아이는
웃으며 강가에 서서 여전히 나를 보고 있다

화려한 사람은 울지 않는다
다만, 서둘러 길을 재촉한다

크리넥스

자정을 넘기고 술에 취해 귀가하며
숲속에서 부모를 잃은 어린 늑대처럼
징징거리며 울 때
그 울음이 얼마나 무거운지를

길을 잃은 기억 속 나침판이 고장이 나서
집으로 바로 돌아가지 못하고
흔들거리고 있는 인생들이 지하 술집 앞에
웅성웅성 서 있다

부엌

아침이 시끄럽게 정차하면 일찍 일어난 새를 먹으러 라디오를 켠다 밤새 고여 어두워져 있던 것들이 목소리를 누르고 스러진다 당신을 이해할 수 없어요 비키니를 입고 짐승의 피를 터걱터걱 뽑아내며 요리를 한다 전자레인지 안에서 남은 인생이 옥수수와 함께 탁탁 익어간다 침을 뱉지는 마세요 물에 젖은 스펀지를 빨아먹을 수 있는 마라톤의 전환점이다 잠시 앉아 있을 수 있다고 정류장은 아닙니다 칼등으로 내려치니 시간이 아득해진다 먹고 먹히는 것을 무엇이라 부를 수 있을까요

문을 열면 외국에서 온 감정들이 앉아 있다 가구들이 언제부터 이렇게 무거워졌을까 칼날이 하나인 믹서기 안에 남은 오후 외에는 넣어서는 안 됩니다 한잔 마시니 여행지에서 막 돌아온 듯 피곤하다 곰곰 생각해보니 고양이는 지독하게 고향이다 프라이팬이 너무 뜨거워 뛰어내리고 싶어요 목구멍까지 올라온 욕이 나를 먹어치운다 라디오에서 흘러나온 리안나의 안녕이란 노래를 듣는다 평택 어디쯤에서 기억이 멈추었다 울지는 마세요 그리운 날들은 부엌의 어디쯤 아직 남아 있을까

부엌 2

상처를 받지 않으려고 노력했다 그럴 때는 부엌 바닥에 가만히 앉아 있곤 했어 그 장소가 주는 의미가 컸다 언제부터인지 좋아하는 가수가 리아나에서 시아로 바뀌었어 누군가로부터 요리되고 있는 세상이 싫다 바닥은 보일러가 들어와 따듯하다 울기에는 적당하지 않다 가만히 보고 싶은 사람의 이름을 부르는 걸로 대신한다 지금쯤이면 높은 산을 넘어 어디론가 가고 있겠지 그 산에 눈이 조금 쌓여 있었으면 좋겠다 그리고 그 산에 큰 나무가 있어 그 사람의 어깨를 토닥토닥 해주고

슬프지 않을 수는 없는 거야 알잖아 여긴 세상이야 여기에서 밥을 짓고 나물을 무치고 생선을 굽지 잠시 울먹이기도 하지만 하루가 장작처럼 굴러가는 것을 지켜본다 방향을 잃고 땅에서 툴툴거리며 굴러가는 건 신기해 서로에게 모호한 어떤 것은 술을 과하게 먹은 다음날 출근길 같아 감정은 또 어떻고 너무 애쓰지는 말자 상처는 아물어갈 거야 부엌에 남겨진 것들은 스스로 머물러 있는 거야 프라이팬을 가만히 들여다보는 것만으로도 평화로운 세상으로 도망치는 법을 배워야 해

플루트

이곳은 너무 드라마틱해

다들 은빛을 공중에 날려 보내고 싶어 하지

내가 원한 것은 소리의 계단을 지나

그 너머에 한번 가보는 것이었는데

대답이 없는 먼 길 그 끝에 저수지가 있어

기울어진 나무 차가운 구멍들

마치고 일어날 때 우리는 흠뻑 젖게 되지

당신을 여기로 보낸 것이 무엇이었는지 기억나

날고 있는 것의 이름은 듣지 않고도 알 수 있어

각자의 보폭은 다르지만 악상의 세계는 펼쳐지고

죽은 음악가와의 시차는 자연을 거슬러 달려가고

흐리거나 반짝이거나 감정의 그늘이 지나가길 기다려

시간이 멈추고 잠시 늙어가지 않을 것이므로

이기려고 애쓰지 말자

여긴 드라마틱해 흰 새들이 살아, 입술들로 가득 차 있어

상반신

하늘에 기다란 구름이 보이고 시냇물이 흐르고 정리된 정원이 마을 안에 있다 그 곁으로 자동차가 조용히 지나간다 나무의 손들이 바람에 흔들거리고 계단 구석에 한 사람이 앉아 있다

시간은 정체를 드러내지 않고 감정은 육지에 던져진 물고기처럼 살아있다 때때로 사람은 건물과 혼용된다 오래된 건물일수록 지하가 깊다 바닥 아래 정신이 광물처럼 묻혀 있다 반짝이며

낭만주의자

오래전 헤어진 그 남자가 만나보고 싶다는 문자를 보내왔다 우울 아래에 앉아서 그가 올 때까지 물을 두 잔째 마시고 있다 나약하다고 그를 버린 적이 있다 오래전 그와의 아이를 낙태를 한 적이 있다 거울을 보았는데 얼굴이 하얗게 질려 있다 지나간 시간들이 오래된 욕처럼 끈적거렸다 이번 생의 누추를 보여주려는 듯 주위의 가구들이 일제히 낡아간다 내가 살았던 셋방이 꿈에 자주 등장한다 그 창가에 쌓아둔 과거들이 비에 젖어 말리려고 펼쳤는데

돌아가는 길 하천을 끼고 있는 그때의 셋방 같은 이층집 문을 허락 없이 누눅하게 열고 들어간다 그 너머가 아득하여 길이 전생 같더라

내일이라는 것을 생각하면 벤츠 매장에 앉아 미국 가수 시아의 노래를 듣고 있는 것처럼 기분이 좋아진다

감정은 어쩌다 나무가 되었을까

당신의 내력이 수액처럼 얼굴에 고여 있다

지탱하고 있는 풍경 안으로 들어가고자 원하지만

자다 깨서 옆을 보면 달빛처럼 누군가 앉아 있다

밤별이 만진 시간마다 우리들의 온기가 남아 있고

당신이라는 말, 참 좋다 가만히 불러본다

오랫동안 내 안에서 당신이라는 배를 짓고 있어 그 기운을 기억하며 좋은 사람으로 살겠다

그러면 당신은 나를 보러 온다 기꺼이

시간 위의 작은 불빛

소리를 지르기 시작했다 그녀가 암에 걸렸다는 말을 듣고

그대는 어디에 있었던 거야 그 소문은 아삭아삭거리고

살아간다는 것은 젖은 밤이다 늦게라도 아침은 꼭 온다

우리의 연애는 오래전에 끝났지만 내 발목은 아직 거기에 있어

셀 수 없는 것들을 헤아려보고 싶은 순간이 있다 오늘이다

킥킥 당신, 문을 열고 들어왔을 때 비어 있던 손가락이 반짝이는

지상보다 그 위의 평화를 기원한다 밥을 먹을 때마다

그대의 표정, 나의 감정

나뭇잎이 유리창에 붙어 달달 떨면서 오래 머물다 간 후, 헤어진 그 사람의 표정이 떠오르고

지하철 의자에 멍하니 앉아서 내려야 할 곳이 다음 정차역이 아니라 당신의 집 앞이어야 하지 아닐까 잠시 생각한다

감정은 아침에 늦게 깨어나서 서둘러 먹는 밥과 같아서 느닷없이 찾아오고

공원 벤치에 돌멩이처럼 앉아서 해가 뜨고 지는 것을 공복으로 보낸 적이 있다

일상에서 일어나는 대부분의 일들은 계획되지 않은 채로 일어나고 있다는 것을 사람들은 모르는 채 살아가지만

사실 온몸에 여러 가지 색의 옷으로 치장한 그 하루가 시맨틱* 로맨틱하다

감정을 말하자면 액체성을 가지고 있어 어디든 잘 스며들고, 그런 표정들 위에서 자주 반짝거리는데

그것이 웃음인지, 절망인지 잘 모를 때가 많다

매운 고추장을 한 숟가락 넣고 비빈 비빔밥처럼 젓가락으로 잘 비벼진 그대의 표정, 그 앞에 서 있는 감정은 정말이지 힘들다

당신, 그립다

---

*시맨틱(semantic): [형용사] (주로 명사 앞에 씀) (언어) 의미의, 의미론적인.

당신의 오후에 내리는 비

얼마를 더 가야 대답을 들을 수 있을까 질문을 품고 오래 걸어왔다 우리는 때때로 이유 없이 운다 그날 당신은 땡땡이 원피스를 입고 있었지 황혼이 도착하려면 아직 멀었는데 우리는 자갈 해변에 놓인 나룻배처럼 외로웠다 배가 고파서 어젯밤 소주 안주로 먹다 만 찌개를 허겁지겁 먹는다 추운 날씨에 얇은 옷을 입은 당신은 힘들어 보인다 오후에 비는 하늘을 향해 내리고 우리의 하루는 젖은 꽃잎처럼 눅눅해졌다 사과꽃이 피는 사월에 당신은 세상을 향해 전차처럼 나아간다

어떤 배웅

꿈에 외국의 해변에서 얼굴 모르는 애인과 다정하게 껴안으며 좌판들을 지나갔다 그때 버스가 우리 쪽으로 확 틀었고 외국인 버스 기사가 내려서 사과하며 어깨를 붙잡고 같이 가게 되었는데 외국 말들을 계속 해대었다 해변에서 일이 생겨 도망치듯 빠져나온 거라고 말했다 애인에게 같이 가자고 소리쳤는데 어디에 있는지 알 수 없었다 어깨를 붙잡혀서 해변으로 가던 중 돌아보았는데 검은 그림자들이 저편으로 마구 흘렀다 그러다 잠에서 깨서 물을 마시며 한참을 앉아 있었다

우리에게 남은 것은 사랑밖에 없네

우리는 폐허에서 살아남아서 여기까지 왔으니
나에게 수고의 인사를 전한다

젊은 날의 그 바닷가에 두고 온 어린 솜털이 끼인 머리핀이 보고 싶다

이마 위 시간의 창문으로 세월의 먼지가 아프게 내려앉아 있다

죽어서 가야 하는 겨울 숲이 보이기 시작하니 두렵구나
한때 우리를 들뜨게 했던 사랑의 날들이여

손톱마다 고운 물을 들이고 너를 기다렸다

그 눈부신 날들을 언제 다시 볼 수 있을까

해피엔딩

나른함이 건물을 채웠다 소유주가 매번 바뀌었고 복도에는 낮별이 떨어져 있었다 그는 2차 세계대전 중 군인이 되어 패혈증으로 죽었고 그녀는 공습 중 지하철역에 피신하여 폭격으로 죽었다* 사랑했던 두 사람은 더 이상 만나지 못했다 그들이 만날 수 없었던 이상한 이유는 세대를 거쳐 자주 반복되었고 매번 그들의 영혼에 구멍이 뚫렸다

너덜너덜해지려고 해

유난히 잠들지 못하는 어느 날 밤, 그들이 남긴 시간들이 웅성웅성 사람이 되려고 하였다

---

* 영화 〈어톤먼트〉.

냄새의 기원

이마에서 고소한 저녁 냄새가 난다지만
그건 아마 당신이 견디고 있다는 말일 터
아침 현기증을 지나고 점심 공복을 견뎌 왔다고
이마가 말을 한다 시간이 그렇게 미끄러져 들어온다

그 아래 눈이 있다는 것이 우연은 아닐 터
우물 같이 깊은 물을 투명하게 오래 담고 있어
언제든 물풍선처럼 터져버릴 수 있고
그때 잡아준 한없는 그 손의 온기를 그리워한다

당신의 턱이 새파란 것은 외롭다는 말일 터
턱은 노처럼 현재를 저어가고 이마는 돛대처럼
젊은 오늘을 지나 내일로 가며 이마에 주름이 더 깊어진다
애써 참아내느라 당신에게서 아픈 냄새가 났다

제3부

일인용 체류

건물을 한 바퀴 도는 것은 지상으로 여행 가는 것과 닮았다

건축물들의 감정을 읽어가면서 환승 같은 오늘에 머무르고

혹은 기내식으로 나온 슬픔을 삼킨다

바람 같은 꿈이었구나, 한평생이!

건물에서 나와서 겨울로 갔다

아무것도 남아 있지 않았다

카메라

여자가 담벼락에 기대어 개를 안고 서 있다 뚱뚱한 개가 여자의 지루한 시간을 핥는다 근처의 나무가 꽃잎으로 얼굴의 시간을 파먹는다 아스팔트 위에 남은 물을 내다 버려서 누군가의 감정이 느리게 지나간다 저녁은 젖은 감정을 깡마른 늑골처럼 드러내고

지나가는 노인의 주름은 박물관에 걸린 회화의 물감처럼 지루하다 차곡차곡 세월을 쌓아 텅 빈 담벼락을 만들었다 푹푹 무릎이 빠져 들어가는 역사가 골목에 차 있다 사람들은 구불구불한 위장처럼 그 마지막을 향해 달려가고

동네 빵집 안의 사람들이 바쁘게 움직여도 화면은 슬로우비디오처럼 움직인다 사물의 윤곽은 의미가 무너지고 근처의 물건들과 겹쳐 보인다 집게로 빵을 집어 들면서 담벼락에 기대어 있는 흐린 여자를 보고 있으면 남은 오늘이 연속극처럼 흘러내린다

데스파시토*

산비탈을 뛰어넘는 늙은 산양처럼 고산병이 왔다 자식도 없이 고모부를 일찍 보내고도 오래 살았던 늙은 고모의 갑작스런 죽음처럼 가슴이 캄캄했다 머리를 땋고 푸른색의 두껍고 긴 치마를 입은 남미 여인이 산을 내려온다 코카차를 권하는 그녀의 손에 내 시간이 움켜져 있다 숨길은 여전히 붉다

* 데스파시토: 스페인어로 '아주 느리게'라는 뜻.

옥상의 무게

집을 어떻게 자르든 감정으로 차 있다

빈집은 빈 채로 공기가 무겁고

아이들이 뛰어다니는 집은 프라이팬 위의 옥수수처럼 팔을 휘젓고

비가 와서 집이 젖어갈 때는 책장에서 주인공들이 일어나서 걸어다녔다

세상의 누르는 것들은 늘 무서웠다

기둥이 뒤틀리지 않으려고 애를 써도 무시해도 어쩔 수 없었다

오래된 가구들은 할머니처럼 울곤 했다

식탁은 재빠른 짐승처럼 음식을 감추었다

세상의 많은 옥상들은 사람을 대신해 소낙비나 햇빛 알갱이를 대신 맞는다

외벽의 주름 사이에 반짝이는 것을 감추어 두고

조용할 때 꺼내어 본다

우리가 집을 떠날 때 뒤돌아보면

오랫동안 함께 살다가 죽은 반려견처럼 차마 떠나보내지 못하고 조용히 떨고 있는 것을 본다

오늘의 낙타

발목도 없이

빗물 하나가 유리창을 기어간다

좁은 오늘에 끼어

사람 하나가 지하철 통로를 오가는데

낙타의 발이 생강을 닮았다

으깨어질수록 향이 오래 남는

누구도 슬픔을 이길 수는 없다

시시해지기 전에 죽고 싶어요 견딜 수 없거든요 올해 들은 가장 무시무시한 말을 어린아이가 뱉었다 그 말을 한 아이는 돌아갔지만 집에 돌아와 이불을 목까지 덮고 보일러를 틀고도 위아래 이들이 부딪혀 딱딱거렸다 시시와 무시무시라는 단어 사이에서 한숨 한 줌과 후회 한 통을 바지주머니에서 꺼냈다 생물처럼 방구석으로 달아나는 것을 지켜본다 내가 착즙이 되면 눈물은 얼마나 들어 있을까 시시한 생각이다

시시해지는 것은 또 얼마나 쉬운 일인가 단지 어른이기만 하면 되니까 아마 마시는 생수조차 시시할걸 이 말을 하며 큭큭거리는데 갑자기 여기가 어디인지 생각이 나지 않는다 나는 누구이지? 오렌지와 레몬의 껍질에 대해서는 왜 그리 심각한 거야 낯익은 문장들이 무작정 흘러 들어온다 아프다고 사정할 때까지 그것을 거세게 움켜잡고 있다 일상은 시시하지만 표정은 더 이상 시시해지지 않기로 한다

헬륨

키가 큰 당신은 길을 가면서 오른쪽으로 비스듬히 스마트폰을 들어 셀카를 찍는다

모르는 한 세계가 새의 어깨 위 허공처럼 기댄다

마침 나는 당신을 지나쳐가는 중이었고 우리의 역사는 얇은 종이처럼 차곡차곡 쌓여갔다

생의 끝이 두려운 나는 이중 주차된 골목길을 힘겹게 빠져나가는 자동차처럼 불안하다

우리는 일요일 저녁 지친 그날 밤의 술값으로 빠져나가는 인출기의 현금처럼 일정 부분 불필요하고 호흡이

감자칩처럼 건조하다

시간을 동그랗게 말며 도착해 보니 당신은 나를 모른다고 한다 미리 도착한 내 후기를 인쇄소에서

읽는다

내 삶은 편의점의 간판처럼 늘 밝혀져 있고 물을 계속 마셔대야 하는 어린 나무처럼 계속 키가 큰다 갓 뜯어낸 참치캔 뚜껑의 모서리처럼 늘 아슬아슬하기를 원했다

그리고 또 하루

여름이 멀어지고 있습니다 지하철 승강장에 두었던 대형 선풍기가 오늘 보이지 않았습니다 그렇게 누군가도 지상에 놓이고 치워지겠지요 그래서 이해와 의미가 중요한 거겠지만요 세상은 여전히 도로 위 타이어 소리처럼 시끄럽습니다 어젯밤의 숙취가 아직 깨지 않아 슬픈 감정 속에 앉아 있습니다 하지만 당신을 생각하면서 잠시 웃습니다

가을이 깊어지고 있습니다 예측과 전망이 차고 넘치는 하세월입니다 과수원에는 과일이 여전히 익어가고 있겠지요 지하철 문은 규칙적으로 열리고 닫히기를 반복하고 있네요 어젯밤 뮤지컬을 보고 돌아오는 길에 누군가 부르는 소리에 이끌려 모르는 술집에 들어가게 되었습니다 맥주 몇 병 마시고 나왔는데 주차되었던 하루가 또 지나갑니다

지상의 불빛

죽은 아버지가 나타나서 말을 한다 그래서 살아가는 일이 판타지가 되었다가 호러도 된다 자장면과 갈비탕은 점심 메뉴의 아이템이기도 하다 아버지는 어디에선가 신발을 잃고 발목을 꺼내 보여준다 휩쓸리지 않으면 어디에든 들어갈 수 없다 그래서 파도는 끝이 없다 모래들은 시끄럽다 바다를 지나갈 때 가장 어둡다 살아생전 아버지는 얼마나 외로웠을까 도시를 지나갈 때 내려다보는 불빛은 여러 가지 감정을 만들어낸다 그래서 사람들의 표정이 모두 다르다 죽은 아버지는 살아있는 물고기처럼 말을 한다 간혹 공기방울이 지상에서 떠오른다 그래서 어항은 좁고 사는 일은 쓸쓸하다

나무의 바른 생활

정원에 오래 서 있던 나무는 한 잔 분량의 물을 마시고 잠시 바람에 몸을 맡긴다 이파리들이 잠깐 살랑거렸다 어깨 너머로 배운 인간의 언어를 이제 조금 이해하기 시작했다 그런데 날이 선 말들을 가장 많이 알아서 부끄럽다 나무의 시간은 순서대로 앞으로만 흐르지 않는다 겨울에 한껏 시간을 붙잡아 두기도 하고 봄에는 새싹을 온힘을 다해 분수처럼 쏟아내기도 한다 그렇다고 기억할 만한 시간들이 없는 것은 아니다

세상을 한참 돌아다니다가 원래 있었던 자리로 돌아왔을 때 아무도 눈치채지 못했다 나무는 자기가 누구였는지 자주 되새긴다 창백하고 파란 이 별에서, 수많은 다리를 가지고 있지만 누군가 보고 있는 동안에는 멈추어 서 있어야 한다 하지만 돌아다니며 인간들의 일들을 본다 껍질은 사람들의 고통을 닮아 거칠다 껍질 주름 사이에 빛을 가두고 있어 일상이 빛난다 이웃들이 무관심하게 지나쳐갈 때조차도 바람에 비벼 노래를 부른다

자다가 깨어나서 창문을 보면 나무가 나를 보고 있다 나무

가 자라서 세상의 이편과 저편을 가르며 창문도 침대도 된다 그렇게 친구처럼 이어져 온 우리들의 공동생활이 침대 아래로 나를 떨어뜨린다 얼굴이 마르지 않게 피부 아래에 수맥이 흐르고 나무는 가지로 눈 아래 내 시간을 조심스럽게 만진다 잠시 빛이 머물다 간다 그것을 황홀한 순간이라 할 수 있을지 모르겠다

저녁 여섯 시 반의 하산

하산하다가 문득 일로 만난 어린 여자의 얼굴에서 지나가던 감정을 생각하며 들뜬다 그림자를 밟으면 꿈에 보인다고 해서 어느 시간의 모서리에서 기다린 적도 있었는데

살면서 저녁 여섯 시 반의 하산은 흐려져 가는 시야만큼 쓸쓸하다 길이 뱀처럼 길어졌다가 줄어든다 늦으면 길을 잃을 것 같기도 하고 그러다가 아이처럼 울 것 같기도 하다

어두워져 가는 숲으로 불을 켠 자전거가 올라오고 멀리서 산에서 치른 행사를 서둘러 마치려는지 노랫소리가 들려온다 내려가는 것은 언제나 느린 법이다

마산 식육점

센 바람이 머리를 풀고 땅으로 몰려오던 날, 빈속에 소주를 마시고 설핏 잠이 들었는데

꿈에 붉은색의 진열장을 가진 식육점이 보였다 그곳이 너무 눈에 익어서 무서워

잠에서 깨었다 시간의 실타래는 알 수 없는 것들도 다수 품고 있다고 하는데

식육점 진열장 창문 너머 누군가를 본 것 같기도 하다 어디에선가 길을 잃고

네이버 지도에서 마산 식육점을 검색해본다 주머니에 넣어두었던 후회가

붉은 고기가 구워질 때만큼 달다 거리에서 붉은 신호등은 여전히 깜박거리고

꺼내 먹어요
—황병승 시인을 추모하며

냉장고에 바다를 가두었더니

어느 날부터 고래가 살아요

일요일 아침이면 앞산으로 산책을 나갑니다

고래가 여장남자 시코쿠*처럼 꼬리를 흔들며 나를 따라오고

당신의 고독은 이제 세상의 것이 되었어요

당신이 말했잖아요

누군가 억지로 사랑해** 하고 말했다고

냉장고를 열고 이게 진짜라고 우기던 시인의 뒤통수***

케이크를 오늘 꺼내 먹어요

그래도 울지 말아요

냉장고에 바다를 가두어두었으니 그 바다는

---

*황병승 시집 제목.

**황병승 시 「멜랑콜리호두파이」 중에서.

***황병승 시 「커밍아웃」 중에서.

미열이 있던 날

시간들 사이에 감정이 자주 보이면 열이 났다
아프려나 하면서 마음의 창문을 닫는다
어제와 그제는 멍든 사과처럼 속이 상했었다

토요일 점심으로 콩국수를 먹고 편의점에서 아메리카노를 한 잔 뽑아들고
송금을 하러 은행에 가야 하는데 괜히
고혈압으로 다니던 병원 입구 계단에 걸터앉아
지나가는 사람들을 구경한다, 그들의 생활은
안녕할까, 방송에서는 장관 후보자의 얘기가 영화의 엔딩 자막처럼 흐르는데

괜히 울컥, 한다 나이가 들어가서 그래

나를 지켜내고, 너를 위해 싸우고 마음속의 깃발을 한 번 더 흔든다

물의 사원
—페루

귀족들은 나라를 이동하거나 신을 만나러 갈 때 사원에서 목욕을 했다고 한다 던져놓은 외줄마다 물이 나와 도랑으로 넘친다 길게 도열한 나무들의 산발한 가지들은 도랑을 끼고 사는 백성들의 역사를 덮고 맨발을 드러낸 가늘어진 뿌리들은 그들의 배고픔을 닮았다

커다란 바위 몇 개를 사각형으로 쌓아서 만든 제단은 하층민들의 오래된 미래처럼 단단하지 않다 도랑가 넓적돌 위에 앉은 새는 물을 한참 바라본다 멈추어 있는 것과 날아가는 것 사이에 머나먼 감정이 숨어 있다 눈물같이 길게 흐른다 여전히 새파랗다

미혹

1.

죽은 시인의 상갓집에 갔다가 방문 선물로 그가 남긴 책을 공짜로 얻게 되었는데 나는 그가 필사한 시집을, 그곳에서 만난 다른 시인은 지도책을 받았다 한참을 앉아 있다가 집으로 돌아오는데 죽은 시인이 우리를 따라와서 함께 길을 걸었다 필사한 시집에 대해, 그가 남긴 지도책에 대해 많은 말을 들려주었다 마침 횡단보도를 건너가게 되었는데 그가 허우적거리며 함께 건너오질 못했다 그러자 나와 다른 시인이 받은 책이 녹아내렸다 죽은 시인도 희미해졌다

2.

해변에서 기업의 연수가 있었다 그곳에서 애인이 있는 한 여자와 한 남자가 바람이 나서 잤다고 소문이 돌았다 그 소문 때문에 애인이 있는 여자는 바다에 빠져 죽었다 그 남자와 내가 버스를 타고 함께 가고 있었는데, 버스 안에서 밖을 보니

안개가 자욱했다 그 남자가 내게 천국에 대해 물었고 대답을 하기 전에 잠에서 깼다 다시 생각해보니 그 버스는 죽은 자가 타는 배가 아니었을까 그리고 이 알 수 없는 꿈 때문인지 마치지 못한 대답 때문인지 한참을 잠들지 못했다

산왕의 정원에서

아르헨티나는 여기에서 얼마나 먼가

그날의 감정은 잊힘으로 멀어졌다
밤새 산왕에게 쫓기는 꿈을 꾸었다
맨발로 꽃밭을 뛰어다녔는데
꿈 바깥의 발에서 향기로운 냄새가 났다

꽃밭은 흑백으로 보이는 술수를 부렸다
비정상에 익숙해져선 안 된다
가끔씩 꿈으로 인해 가슴이 아려오면
머리를 흔들어 나를 깨운다
그러면 다이빙하듯이 침대로 돌아오게 된다

살아온 날들이 돌멩이 같아서
한 번씩은 움켜쥐고 먼 곳으로 던져버리고 싶은 욕망을 느낀다
빨갛고 푸른 자갈들이 가득 차 있는 비밀의 정원을
누구에게도 들키고 싶지 않다

산왕의 정원에서 몰래 삽니다
정원의 꽃을 먹고 그의 한숨으로 숨 쉬고 그의 눈물을 마십니다
햇살에 우리의 오늘이 기분 좋게 마르고
살아갈 날들이 철들지 않았던
딱 그 시간만큼이길 빕니다

깊은 슬픔

며칠 마음이 아프고 나서 잠에서 깨니
키가 조금 커져 있었다
그래 좋았어
좋아하는 음악을 들으며 일터로 간다
걸으며 내가 믿는 신에게 기도한다
아주 조금 울기도 한다
아침부터 왜 그래?

저는 아버지의 어린 양입니다
죽을 때까지 배워가야 하는 것이겠지만요
살면서 천박함이 항상 나를 이기지만
아니야, 너희들이 틀렸어
그렇게 이기는 것은 의미 없어

나에게 존중과 신뢰를 보내주었던 어느 한 사람의 혼란스러움이 미안해지기도 한다

동글동글한 것을 보내주고 싶다

혹은 손에 잡히지 않는 것들
그렇게 생각하다가도
아니야,
나에게 좋은 것이라 해도 옳은 것이 아닐 수도 있어

힘들 때는 멀리 있는 하바나 같은 곳을 생각하는 거다

지하철을 타고 가는 중,
사람들의 얼굴이
가을 햇살에 꺼내어놓은 조약돌처럼 따듯하다

갈매기의 집

아무렇지 않게 놓아둔 하루
아무도 오래 쳐다보지 않는 곳

그곳에

내 감정으로 만들어진 생활이 있다
부스러기 기억들이 쌓여 있다

해설

잃어버린 낙원을 향한 그리움과 역설의 수사학

진순애(문학평론가)

잃어버린 낙원을 향한 그리움과 상실의식, 그리고 좌충우돌하는 희망의 지평으로 점철된 허준의 역설의 수사학은 '중심 없는 세계에서 혹은 지향점을 잃은 세계에서 문학은 어떤 길을 가야 할까'를 자문하면서도, 가야만 하는 방향이 없는 것은 아니라고 그 방향을 은밀히 제시하고 있다. 인류는 바야흐로 유토피아를 꿈꾸지 않는, 혹은 꿈꿀 필요가 없는, 그리고 꿈꾸기가 불가한 시간 속에 머물고 있다. 방향 없는 방향으로 거침없이 흐르는 시간 속에 직면해 있는 것이다. 그것은, 현대가 설정된 혹은 설정한 방향이 무의미하게 작용할 뿐만 아니라 삶의 나침반을 가늠하는 보편적 가치조차 그 위상이 해체된 시대인 까닭이다.

낙원을 잃어버린 시대는 대도시와 기술문명이 확대시킨 상실과 우울의 체험이 지배한다. 현대인은 그와 같은 시간 속에 흩어진 파편들로 결합된 채 부유하는 탈주체적 존재들로 전락했다. 때문에 시간의 추이에 따라 삶의 파편들은, 혹은 언어의 파편들은 첩첩이 첨가되며 결합의 관계망을 쌓는다. '이 시대의 문학에서는 어떤 목표에 대한 엄격한 관념도 없이 파편들을 쉬지 않고 쌓아 올리고 천편일률적인 표현들을 취한다는 점이 공통된 특징'이라고 지적할지라도 그것은 시대의 산물로서 동시대성을 반영한다. 뿐만 아니라 그 공통된 특징 속에서도 작품마다의 차별화된 수사학에는 작가마다 꿈꾸는 독자적인 의도성이 함축되어 있다.

그러므로 허준의 상실의식과 그리움의 수사학은 낙원을 잃어버려 중심이 없는, 그리하여 존재의 근원조차 상실한 동시대를 비판하면서 동시대에 항거하고 전복을 꿈꾸는 역설의 수사학이라는 독자성을 갖고 있다. 전복을 꿈꾸는 역설의 수사학 속에 내재된 희망을, 비록 그 희망의 지평이 희미할지라도 그것을 가볍게 볼 수 없다. 방향 잃은 디스토피아의 현실에서 부재하는 유토피아의 꿈꾸기를 지속하면서 빚어진 대립과 충돌이 낳은 희망인 까닭이다. 잃어버린 낙원의 복원을 꿈꾸는 충돌이라는 점에서 그 의의를 가볍게 볼 수 없으며, 역설의 충돌이라는 허준의 말하기의 독자성이라는 점에서 또한 그 의의를 가볍게 볼 수 없다. 허준의 역설의 수사학은 '파편들을 쌓아 올리는 이 시대의 천편일률적인 표현'들에서 멈춰 있지 않다. 그것은 시지포스의 반복처럼 끊임없이 굴러떨어지는 절망적인 희망의 바위를 쉬임 없이 밀어 올리는 허준의 실존적 행위를 은유하는 동시에, 동시대성을 은유한다.

등 뒤에서 당신이 조잘거리는 목소리를 듣고 있습니다
그늘 속에 있다고 언제나 젖어 있는 것이 아니라는 것을
압니다

영어 회화 수업을 들으러 가기 전 식당에서 김밥을 먹는
데 조금 떨어져서 당신은 순두부찌개를 먹고 있었어요

아메리카노를 990원에 파는 저가 커피집을 지나면서 천
원과의 차이를 생각합니다 우리는 얼마나 멀리 있고 달은
얼마나 가까울까요

관계라고 불리는 것들 사이에 새로운 것들이 더 남아 있
을까요 향수처럼 남아 있을 수도 있을 겁니다 움켜질수록
사라져버리는 것들 말입니다

수업을 마치고 어둑해진 거리를 걸어서 집으로 돌아갔
습니다 거리에 불빛들은 많았지만 그 어느 것도 마음속으

로 들어오지 못했습니다

누구든 말할 수 없는 비밀을 가지고 살지요 말하자면 신나는 팝송을 크게 틀어놓고 울었던 기억 같은 거 말입니다 노래는 틀어놓은 수돗물 같아서

이제 고백을 하고 사라지려고 합니다 우리가 이어져 있다고 했던 말들은 제가 들떠서 했던 말이었습니다 저는 다만……

내가 잃어버린 낙원이 당신에게 있다

—「낙원을 잃어버렸네」 전문

"우리는 얼마나 멀리 있고, 달은 얼마나 가까울까"에 대한 질문의 해답을 990원의 커피와 천 원의 커피와의 차이 속에서 찾으려는 허준은 "우리가 이어져 있다고 했던 말들은 제가 들떠서 했던 말"이라는 자조의 역설로 귀결 짓는다. 990원과 천 원의 차이가 10원의 차이라면, 우리들의 차이는 얼마큼의 차이인가? 그것은 커피의 10원의 차이와 같을 수도 있고 아닐 수도 있다. 그 질문에 대한 해답의 진실은 우리의 마음속에 이미 내재해 있을 것이다.

"내가 잃어버린 낙원이 당신에게 있다"는 것은 사실인가 바

람인가? 그 해답은 "이제 고백을 하고 사라지려고 합니다 우리가 이어져 있다고 했던 말들은 제가 들떠서 했던 말이었습니다 저는 다만……"에서 찾을 수 있다. '내가 잃어버린 낙원이 내재한 당신'은 주체가 꿈꾸는 미래의 희망일 수도 혹은 과거일 수도 있다. 그것은 희망 없는 디스토피아의 현실에서 희망의 바람조차 버린다면 그것은 실존의 바위 굴리기를 포기하는 것이나 다름없으므로, 희망의 끈, 희망의 바람을 부여잡고 있는 주체의 절망적 현실을 아우르는 역설이다.

"관계라고 불리는 것들 사이에 새로운 것들이 더 남아 있을까요"라는 의문 아닌 의문과 함께 "향수처럼 남아 있을 수도 있을 겁니다 움켜질수록 사라져버리는 것들 말입니다"에서 '움켜질수록 사라져버리는 것들이 향수처럼 남아 있을 수도 있을 것'이라는 절망적인 언술 역시 역설이다. 사라져버리는 것들에 대한 향수가 있어서 당신과 나의 관계도 지속될 것이라는 희망의 역설이다. 그것은 "내가 잃어버린 낙원이 당신에게 있다"는 역설의 지평과 같다.

한때는 따듯하게 젖어 있었다

살아있는 목에는 세상의 꽃다발이 묶여 있고 그 일들을
풀어내느라 시간을 달리기 시작했다 혈관들은 아이들이
학원으로 사라진 골목처럼 점점 메말라갔다 화분 안에서

뿌리들은 물을 마시느라 여념이 없었고

그 끝 너머까지 가보고 싶었다

꽃은 피를 흘리며 노래를 불렀지만 소리는 점점 가늘어져서 담을 넘지 못했다 생화의 날들은 그늘진 마당에 갇혀서 나날이 시들어가며 바스락거리는 소리를 질렀지만 아무도 듣지 않았고

평생 앉아 일했던 의자가 사실은 내 등짝이었다는 것을 마른 꽃이 된 후에야 알게 되었다 그것을 이해라고 할 수 있을지 모르겠다

—「마른 꽃」 전문

모든 생물은 지금은 마른 꽃이 돼버렸을지라도 '한때는 따듯하게 젖어 있었던 생화'와 같은 시절과 함께한다. 모든 생물체가 존재하는 이치가 그러하므로, '마른 꽃'은 "평생 앉아 일했던 의자가 사실은 내 등짝이었다는 것을 마른 꽃이 된 후에야 알게 되었다"는 주체의 자조를 은유하는 데서 그치지 않는다. 그것은 시간의 흐름 속에서 마르고 시들어서 마침내 죽음에 이르는 모든 생물체의 존재태를 은유하는 담론으로 확장된다. 자연적 순리에 대한 새삼스럽지 않은 깨달음을 새삼스

럽게 환기시키고 있는 역설의 은유이다.

"살아있는 목에는 세상의 꽃다발이 묶여 있고 그 일들을 풀어내느라 시간을 달리기 시작했다"는 시간의 경과가 삶의 과정을 은유한다. 그 일들을 풀어내느라 시간을 달리면서 "꽃은 피를 흘리며 노래를 불렀지만 소리는 점점 가늘어져서 담을 넘지 못"한 형국이 살아있는 존재로서 생화의 날들이다. 그러므로 "생화의 날들은 그늘진 마당에 갇혀서 나날이 시들어가며 바스락거리는 소리를 질렀지만 아무도 듣지 않았"어도, 비록 담을 넘지 못한 꽃의 노래일지라도 피를 흘리는 꽃의 노래 부르기는 지속되어야 하는 것이 존재들의 숙명적 실존태이다.

이렇듯 마른 꽃은 '한때는 피를 흘리며 노래를 불렀지만 소리는 점점 가늘어져서 담을 넘지 못했고, 그늘진 마당에 갇혀서 나날이 시들어가며 바스락거리는 소리를 질렀지만 아무도 듣지 않았던 생화'를 역설적으로 은유한다. 따듯하게 젖어 있었던 생화의 날들을 잃어버리고 나서 그 시간을 그리는 허준의 자화상으로서 마른 꽃은 허준만의 자화상이 아니라 보편적 가치조차 그 의의를 상실한 중심 없는 이 시대를 은유하는 데로 확장된다. 그러므로 허준이 가닿기를 꿈꾸는 세계가 태초의 출발지였다고 상상하기는 어렵지 않다. 그것은 이 시대를 통과하고 있는 우리 모두의 꿈이기도 하다. 마른 꽃은 마른 꽃이자 생화이며 생물체의 존재성 그 자체를 은유한다.

나의 하루는 오래 젖어 있었다
비가 오지 않는 날 햇볕 아래 이불을 말리고
감자칩처럼 바삭거린다
그럴 때면 나를 감싸고 있는 시간이
지구색 패딩 옷 같다고 생각한다

세상에 고개를 돌리고 앉아 밥을 먹는다
지금 가고 있는 곳에도 꽃은 피겠지
페달을 밟으며 일생을 돌린다 행복해야 해
목이 마르면 언제든 물을 마실 수 있으면 좋을 텐데

시간은 잊힌 연인의 눈물처럼 반짝거리고
살아있는 것들은 다 꽃이라던데
나의 다리는 정직한 새를 닮아
사막을 오래 가도 싱싱하고 울지 않는다
그러므로 나의 하루는 이제 젖지 않겠다

—「꽃은 핀다」 전문

"나의 하루는 오래 젖어 있었다"라는 첫 행이 "나의 하루는 이제 젖지 않겠다"라고, 마지막 행에 이른 까닭은 무엇일까? 그것은 처음과 끝은, 혹은 출발과 도착은, 보다 정확히는 '나의 하루는 오래 젖어 있었다'라고 명시적으로 출발했던 때와는 달리 앞으로는 '나의 하루는 이제 젖지 않겠다'로 불투명한 혹은 불명확한 미래의 모습에 이른 것을 은유한다. 미래를 절망적으로 예견하게 하는 출발과 절망적인 역설에 도착한 지금에 어떤 시간의 경과가 있었을까를 숙지하게 하는 역설이다.

'햇볕 아래 이불을 말리던 날은 나를 감싸고 있는 시간이 지구색 패딩 옷 같다고 생각한다'는 은유는 희망의 은유이다. 그것은 "세상에 고개를 돌리고 앉아 밥을 먹는" 시간이므로 그러하다. 세상은 절망의 세계이므로 세상에 고개를 돌릴 때 비로소 희망의 세계라는 대립의 구조는 비극을 낳으면서도 희망이 내재된 비극이라는 점에서 역설이다. "살아있는 것들은 다 꽃이라던데"라는 여운 속에 '살아있는 것들'을 향한 절망적 역설을 읽는다. 그러면서도 절망과 허무를 초월하는 희망이 내재해 있기를 꿈꾸는 시지포스의 목소리 또한 간과할 수 없다. 그러므로 '사막을 오래 가도 싱싱하고 울지 않는 나의 하루는 이제 젖지 않겠다'라고 자조적인 절망의식이 탈생명의 시대를 은유하는 데로 확장한다.

"창백한 몸의 여기저기에서 꽃이나 가지들이 튀어나왔고 함께 도달하지 못하는 내일에 대해서 말하고 싶었습니다"(「꽃은 주인공이 아닙니다」)처럼 디스토피아의 현실에서 희망의 내일을 꿈꾸기란 절망적이라는 주체의 역설적 전언이다. 그것은 "누가 부르지도 않았는데 뒤돌아보게 되는 순간이 있다 그

때 당신의 어깨 위에 앉아 있는 존재가 있다 어떤 이는 생활이라고도 하고 또 어떤 이는 죽은 어머니라고도 한다"(「유령은 죽지 않는다」)와 같은 절망의식이 내재된 은유의 담론이다. 절망과 희망의 교차 속에 직조된 시의 역설적 호흡이 견고하다.

햇살은 빵의 결처럼 곱다 나뭇잎은

조그만 공간에 저만의 시간을 가두어

두었다 길은 사람들에게 한없이 복무한다

가야 할 곳을 잊어버려도 좋아

꽃을 닮은 너, 너무 소중한

달콤한 공기와 그 사이의 여백들

죽었던 이들이 내 머리를 쓰다듬고 있네

나 달려가리, 세상 속으로

—「이토록 아름다운」 전문

'이토록 아름다운', 그래서 '달려가고 싶은 세상'은 어디인가? 그곳은 동화의 세계이다. 세계와의 불화를 몰랐던 역사 이전의 혹은 시원의 세계로서 동화의 세계가 '이토록 아름다운' 세상이었음을 '그때는 몰랐었다'는 허준의 자조적인 목소리가 은밀한 비판을 동반하고 있다. '햇살은 빵의 결처럼 곱고, 나뭇잎은 조그만 공간에 저만의 시간을 가두어 두었고, 달콤한 공기와 그 사이의 여백들 속에서 죽었던 이들이 내 머리를 쓰다듬고 있는' 그 완전한 세계가 인공적 도시의 우리가 잃어버린 낙원이며 '이토록 아름다운' 세상이었다.

그 세상은 현재진행형의 세계가 아니라 오직 과거에만 존재했던, 그래서 다시는 돌아갈 수 없으리라는 불안한 그리고 절망적인 디스토피아의 현실을 역설적으로 은유하는 '이토록 아름다운 세상'이다. 때문에 지금, 이곳은 "당신은 안녕하냐고 /…중략…/얼굴을 숨긴 채 스스로를 피올리는구나/그렇게 슬픔이 우리 곁에 머무르고"(「얼굴을 숨긴 꽃이 내게 물었다」) 있는 곳이다. 얼굴을 숨긴 꽃이 피 올리는 슬픔만이 우리 곁에 머무르고 있는 것이다.

"시간을 동그랗게 말며 도착해 보니 당신은 나를 모른다고 한다"(「헬륨」)는 지적처럼 출발지의 당신과 지금, 여기의 나는 한때는 동일체였을지라도 이제는 낯선 타자일 뿐이다. 나의 과거는 나의 현재와 그리고 나의 미래와도 연결되어야 하는 관계일지나, 지금은 그 관계가 차단되어버렸다. 그러므로 '미리 도착한 나의 후기를 인쇄소에서 읽는' 기분은 어떤 기분일까?

정원에 오래 서 있던 나무는 한 잔 분량의 물을 마시고 잠시 바람에 몸을 맡긴다 이파리들이 잠깐 살랑거렸다 어깨 너머로 배운 인간의 언어를 이제 조금 이해하기 시작했다 그런데 날이 선 말들을 가장 많이 알아서 부끄럽다 나무의 시간은 순서대로 앞으로만 흐르지 않는다 겨울에 한껏 시간을 붙잡아 두기도 하고 봄에는 새싹을 온힘을 다해 분수처럼 쏟아내기도 한다 그렇다고 기억할 만한 시간들이 없는 것은 아니다

세상을 한참 돌아다니다가 원래 있었던 자리로 돌아왔을 때 아무도 눈치채지 못했다 나무는 자기가 누구였는지 자주 되새긴다 창백하고 파란 이 별에서, 수많은 다리를 가지고 있지만 누군가 보고 있는 동안에는 멈추어 서 있어야 한다 하지만 돌아다니며 인간들의 일들을 본다 껍질은 사람들의 고통을 닮아 거칠다 껍질 주름 사이에 빛을 가두고 있어 일상이 빛난다 이웃들이 무관심하게 지나쳐갈 때조차도 바람에 비벼 노래를 부른다

자다가 깨어나서 창문을 보면 나무가 나를 보고 있다 나

무가 자라서 세상의 이편과 저편을 가르며 창문도 침대도 된다 그렇게 친구처럼 이어져 온 우리들의 공동생활이 침대 아래로 나를 떨어뜨린다 얼굴이 마르지 않게 피부 아래에 수맥이 흐르고 나무는 가지로 눈 아래 내 시간을 조심스럽게 만진다 잠시 빛이 머물다 간다 그것을 황홀한 순간이라 할 수 있을지 모르겠다

—「나무의 바른 생활」 전문

'세상의 이편과 저편을 가르는 나무'의 바른 생활은 나무의, 자연의, 원래의, 순리대로라는 의미들과 동궤다. 그와 같은 바른 생활의 중심 주체인 나무가 세상의 이편과 저편을 가르는 기준이라는 지적에 현대의 우리가 나무의 바른 생활에서 너무 멀리 와 있다는 역설적 비판이 함께한다. 기술문명의 지배 속에서 누가 나무와 같은 바른 생활을 하는가? 오직 나무뿐이라는, 혹은 원래의 자연뿐이라는 역설적 지적이다. 그와 같은 바른 생활도 '잠시 빛이 머물다 가는 순간'뿐이라는 언명에 자연조차 더 이상 원래의 자연으로 존재하고 있지 않은 동시대에 대한 은밀한 항거가 내재한다.

옥타비오 파스는 "인간과 세계, 의식과 존재, 존재와 실존의 최종적인 동일성은 인간의 가장 오래된 믿음이며 과학과 종교, 주술과 시의 뿌리"라고 지적한다. 시의 근간은 근원 세계와의 동일시에 있는 것이다. 이제 현대인이 융합하기를 꿈

꾸는 시원의 세계는 꿈속에만 살아있는 신뢰의 세계이며 희망의 세계이다. 그러므로 자연에서 혹은 시원의 세계에서 분리되어 찢겨지고 분열된 현대인은 과거로의 회귀의식을 통해 열리는 감각으로 시원과의 동일시라는 꿈꾸기를 지속한다. 동일시라는 꿈꾸기로 시원의 세계와의 화해에 이르게 되는 것이다. 허준의 역설이 그러하듯, 꿈꾸기로 혹은 기억이 있어서 인간은 과거를 반추하고 역사를 되새김하며 근원적인 초상을 탐색하는 길을 걸을 수 있다.

이제 서로 깔깔거리며 지낼 나이가 지났다 나이가 든다는 것은 주머니의 자갈을 끄집어내어도 자꾸 자갈이 생긴다는 뜻이다

오래된 건물들이 대화를 나눈다는 것은 사실이다 벽들은 저마다의 표정을 가지고 있다 간혹 건물들이 울면 사람들은 이유 없이 어두워진다

명랑함을 잃어버려서는 안 된다 그것은 마음에 들지 않던 보조배터리를 극장에서 분실하고 찾으러 가지 않는 것과 같다 그들이 너를 버린 게 아니다

견고했던 것들도 깨어진다는 것을 차츰 알아간다 사람

들 사이에 끈이 있는데 당기거나 당겨진다 예전에는 그걸
몰랐었다

—「친밀감의 이해」 전문

나이를 먹어가는 과정에서 사물 혹은 대상을 바라보는 시인의 시선은 마침내 꿈꾸기와 역설을 뛰어넘어 포용과 이해의 지경에 이르게 된다. 그 지경 혹은 경지를 지켜보는 일은 앞으로 독자들의 즐거움이 될 것이다.

이 도서의 국립중앙도서관 출판시도서목록(CIP)은 서지정보유통지원시스템 홈페이지(http://seoji.nl.go.kr)와 국가자료공동목록시스템(http://www.nl.go.kr/kolisnet)에서 이용하실 수 있습니다.(CIP제어번호: CIP2020005143)

시인동네 시인선 122

내가 잃어버린 낙원이 당신에게 있다

초판 1쇄 인쇄 2020년 2월 12일
초판 1쇄 발행 2020년 2월 19일
지은이 허준
펴낸이 고영
책임편집 서윤후
디자인 헤이존
펴낸곳 문학의전당
출판등록 제2017-000002호
주소 서울시 마포구 마포대로 11길 91, 3층
전화 02-852-1977 팩스 02-852-1978
전자우편 sbpoem@naver.com

ISBN 979-11-5896-455-9 03810